IVAN STEIGER

Die **Bibel** mit spitzer Feder gezeichnet

camino.

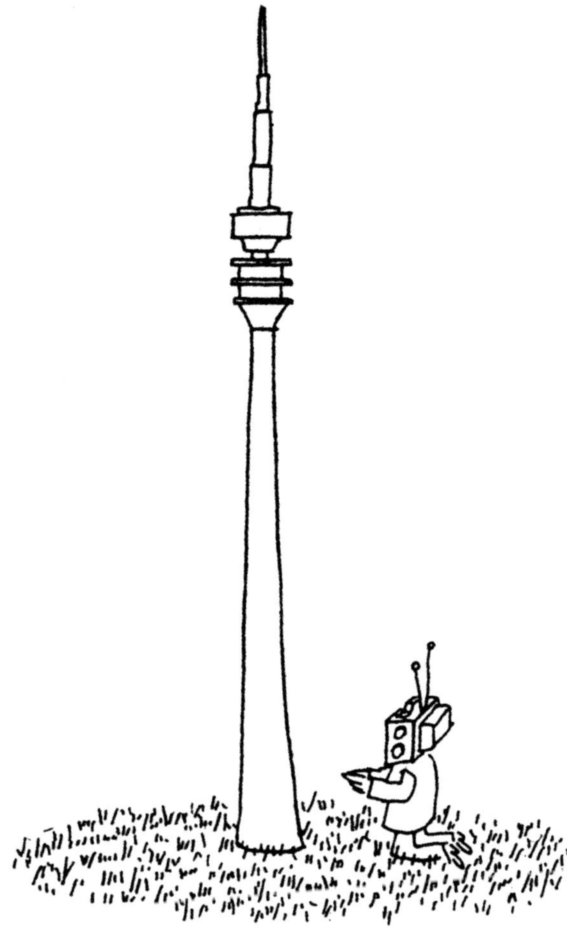

Zeigen, was hinter der Geschichte steckt

BEMERKUNGEN ÜBER IVAN STEIGERS BILDER ZUR BIBEL

Nehmen wir eine beliebige biblische Geschichte, sagen wir: die vom Tanz um das goldene Kalb (Exodus 32,1–4): Da wird erzählt, wie das Volk Gottes, kaum ist Mose auf den Berg gestiegen, um die Gebote zum empfangen, sich seinen eigenen, sichtbaren, näheren Gott macht – ein Symbol der Fruchtbarkeit, ein Götzenbild, wie andere Völker es haben. Um dieses Bild tanzen die Leute nun in heiliger-unheiliger Begeisterung. Es gibt genügend Bilder aus allen Epochen christlicher Kunst, die darstellen, was man in dieser Geschichte sieht: die Wüstenebene vor dem Berg Gottes mit dem Lager und den Zelten, die Menge der Tanzenden, in der Mitte das goldene Bild auf einem hohen Sockel und in der Ferne vielleicht noch den Propheten, der mit Zorn und Entsetzen entdeckt, was aus seinem Volk geworden ist. Was zeichnet Ivan Steiger? Ein kleines Männchen mit einem Fernsehgerät als Kopf, das vor einem riesigen Fernsehturm kniet. Das, meint der Zeichner, macht uns Menschen von heute anschaulich, worauf die Botschaft dieses biblischen Berichts uns aufmerksam machen will: Der Mensch liefert das eigene Denken einer Instanz aus, die ihn dann bestimmt; er ist im Begriff, zum seelenlosen Opfer eines Abgotts zu werden, den er sich selbst geschaffen hat. Ivan Steigers zeichnerische Essays zeigen die Spannung, ja den Gegensatz zwischen dem, was Gott will und ermöglicht, und dem, was der Mensch aus seinem Leben macht: die Diskrepanz zwischen Gottes Gnade und unserem Verhalten.

METAMORPHOSEN DER FEDER

Um zu zeigen, was er sieht, verwendet Ivan Steiger eine ganz bestimmte Zeichen-Sprache. Er arbeitet mit Symbolen, semiotischen Verdichtungen, Piktogrammen, wie immer man es nennen will. Ein Beispiel für viele: die Feder. Für einen Mann, der nicht mit einem Filzstift oder einem spitzen Pinsel, sondern mit einer altertümlichen Stahlfeder arbeitet – sie ist ihm so wichtig, dass er sogar einem seiner Bücher als Titel die Fabriknummer dieser Feder gegeben hat: 09360 EF – ist dieses Werkzeug zum Symbol für seine eigene Kreativität geworden. Darum kann er den Kreator, den Schöpfer, von dem wir Geschöpfe uns kein Bild machen sollen, mit dieser Feder symbolisieren. Auf dem Weg durch die Bibel macht dieses Zeichen viele Wandlungen durch. Die Feder kann zum Speer, zur Krone werden; zum Vorzeichner eines gnädigen Weges für Rut und Noomi, und zum Hebel, der die Welt aus den Angeln hebt ... Andere grafische Kürzel machen ähnliche Wandlungen durch. Einige davon seien hier genannt. Der Fingerabdruck steht für das, was sein Name sagt: Alles, was der Mensch berührt, trägt hinterher seine Spuren – Druck, Beschmutzung, Sünde, Last. Und dann das Fernsehen: Zeichen für den Menschen in seiner Entfremdung, abgelenkt, in seinen Ausweglosigkeiten ohne ernsthafte Folgen diskutiert, in seiner Einsamkeit bis zum Überdruss unterhalten.

Da ist der Mensch nicht bei sich, er klebt am Bildschirm, wird von außen gesteuert und versklavt, falsche Propheten drängen ihm Scheinwerte auf. Monoton gerasterte Hochhäuser signalisieren, wie unmenschlich genormt unsere Welt ist. Aber vergessen wir nicht, in dieser kleinen Aufzählung auch die großen Zeichen der Hoffnung zu nennen, die sich durch die ganze biblische Geschichte ziehen. Da ist jener Baumstumpf mit dem frischen Trieb – auch ein politisches Bekenntnis aus jener Zeit, da – für die Tschechoslowakei damals noch zu früh – eine kleine Hoffnung auf einen neuen Anfang sich regte. Und immer wieder das Herz, Zeichen für alles, was zum Menschen gehört, für Gut und Böse, Gemeinschaft und Alleinsein, Geborgenheit und Verletzlichkeit, mit einem Wort: für das Leben.

ÜBERZEUGUNGEN EINES ZEICHNERS

Wie kommt ein politischer Karikaturist, der über Jahre hinweg täglich einer großen Tageszeitung eine Zeichnung liefert, dazu, sich so intensiv mit der Bibel zu befassen? Auf seinem Arbeitstisch in München-Schwabing, wo er mit seiner Familie lebt, liegt eine tschechische Bibel. Seine Heimat, seine Herkunft spiegeln sich darin und auch der Riss wird deutlich, der seine Lebensgeschichte bestimmt. Anfang 1939 wurde Ivan Steiger in Prag geboren, „in der Kapelle St. Apollinaris mit Moldauwasser getauft". Aufgewachsen ist er in einer gut katholischen Familie, die nach der Revolution aus ihrem Bürgertum gerissen und neu in einen Arbeiter- und Bauernstaat eingeordnet wurde. Die Schule, die ihn geprägt hat, ist die Filmakademie in Prag. Dort hat er das Handwerk des Regisseurs von Grund auf gelernt. Er schrieb Drehbücher und Erzählungen. Als die Truppen des Warschauer Paktes im Sommer 1968 in die Tschechoslowakei einmarschierten, um den Prager Frühling zu beenden, reiste er für unbestimmte Zeit in die Bundesrepublik. Er beschloss, nicht zurückzukehren, und zahlte einen hohen Preis für seine Freiheit: Er verlor seine eigene Sprache. Verurteilte ihn das zur Ausdruckslosigkeit? Nein, er machte eine ebenso wertvolle Entdeckung: Was er nicht mehr mit Worten sagen konnte, das ließ sich zeichnen. „Den Sinn meines Lebens habe ich in dem Augenblick gefunden, als ich die Fähigkeit verlor, ihn durch Worte auszudrücken." Er, der „nie zeichnen gelernt hatte", bemühte sich nicht um eine naturalistische Wiedergabe dessen, was er sah. Vielmehr zeichnete er, was er dachte. Oft sah das eher wie ein unbeholfenes Gekritzel aus, dessen Charme und intellektueller Reiz von dem versteckten Witz, von der unerwarteten Sehweise kamen. Die Originalität der Beobachtung, die verschmitzte Indirektheit der Aussage hatten von Anfang an eine magnetische Kraft auf viele Betrachter dieser simpel erscheinenden Bilder. Ivan Steigers Handschrift wurde bald zu seinem Markenzeichen. Seine Bilder waren auch außerhalb des deutschen Sprachgebrauchs ohne weiteres „lesbar". The Times, Le Figaro boten sie ihren Lesern in England und Frankreich an, amerikanische Zeitungen übernahmen sie, auf Ausstellungen in vielen Ländern fanden sie Freunde. Alle Räume, die Ivan Steiger sich inzwischen zum Leben eingerichtet hat, erzählen, was für ein Mensch er ist. Seine Münchener Wohnung und ein Bauernhaus bei Wasserburg am Inn sind auch von altem Spielzeug bewohnt, Puppen, Eisenbahnen und beweglichem Blechspielzeug, denn er hat seiner Sammelleidenschaft auf diesem Gebiet nachgegeben. Was er gesammelt hat, füllt Spielzeugmuseen in München, Passau und Prag. Das oberste Geschoss des Hauses in München ist ein großes Studio: Trickkameras und Schneidetische stehen dort, Filme und Bücher sind hier entstanden, auch Erzählungen und Kinderbücher.

WAS WILL ER MIT DIESEN BILDERN?

„Viele Menschen sind der Bibel gegenüber taub und blind. Sie meinen, sie wüssten, worum es geht. Wenn man ihnen jedoch die Geschichten der Bibel aus einer neuen Perspektive zeigt, wenn man die Gute Nachricht nur eine Spur weiterschiebt, bis man sie aus einem anderen Winkel sieht, dann kommen die Menschen vielleicht zu der wichtigsten Einsicht ihres Lebens."

DAS WÄRE ALSO EINE EVANGELISTISCHE ABSICHT?

„Selbstverständlich: Die Bibel ist seit alters bis heute für die Menschheit mehr als nur eine Anleitung zum Leben. Aber die meisten von uns haben es immer noch nicht gelernt, sie zu lesen und zu verstehen. Sie versuchen auf verschiedene Weise, von sich aus Gott zu erreichen. Die Bibel aber sagt: ‚Gott kommt zu uns'. Wer von uns hat das schon verstanden? Mit meinen Zeichnungen will ich Interesse für die Bibel erwecken. Dabei denke ich vor allem an junge Leute, bei denen die Hilflosigkeit in Glaubensfragen immer offensichtlicher wird. Allerdings geht es mir nicht um eine kritische Haltung zur Bibel, sondern um eine Kritik an unserer Gesellschaft, die mehr auf die sogenannte ‚menschliche Vernunft als auf den Glauben an Gott baut. Die Arbeit an diesem Buch war für mich die bisher wichtigste Tat meines Lebens."
Das ist alles andere als ein bescheidenes Programm. Von der Kritik an unserer Gesellschaft – einschließlich unseres „gesunden Menschenverstandes" – durch das Dickicht von Missverständnissen und Hilflosigkeiten, das sich vor den Glauben an Gott gelegt hat: keinesfalls nur eine Gelegenheit zum unverbindlichen Schmunzeln, sondern eine Einladung des Zeichners, ihm auf einem nicht unbeschwerlichen Weg zu folgen. Das Abenteuer einer ungewöhnlichen Optik kann zum noch größeren Abenteuer einer ungewöhnlichen Einsicht führen.

Pfarrer Dr. Ulrich Fick

Der Mensch als Mensch

Solange der Himmel bleibt

Denn für den Baum besteht noch Hoffnung,
ist er gefällt, so treibt er wieder, sein Sprössling
bleibt nicht aus.
Wenn in der Erde seine Wurzel altert und
ein Stumpf im Boden stirbt,
vom Dunst des Wassers sprosst er wieder,
und wie ein Setzling treibt er Zweige.
Doch stirbt ein Mann, so bleibt er kraftlos,
verscheidet ein Mensch, wo ist er dann?

Job 14,7-10

Störungen

Bei vielem | Reden bleibt ||
die | Sünde nicht | aus,
wer seine | Lippen | zügelt,
|| ist klug.

Sprichwörter 10,19

Um-Weg

Die Weisheit des Klugen
gibt ihm Einsicht in seinen Weg,
aber die Dummheit der Toren
führt zu Täuschung.

Sprichwörter 14,8

Irr-Weg

Manch einem scheint sein Weg der rechte, aber am Ende sind es

Wege des Todes.

Sprichwörter 14,12

Entweder-oder

Entweder: der Baum ist gut -
dann sind auch seine Früchte gut.
Oder: der Baum ist schlecht -
dann sind auch seine Früchte schlecht.

AN DEN FRÜCHTEN ALSO ERKENNT MAN DEN BAUM.

Ihr Schlangenbrut, wie könnt ihr Gutes reden,
wenn ihr böse seid?
Denn wovon das Herz voll ist,
davon spricht der Mund.
Ein guter Mensch bringt Gutes hervor,
weil er Gutes in sich hat,
und ein böser Mensch bringt
Böses hervor, weil er Böses
in sich hat.

Matthäus 12,33-35

Ein Geist

Es gibt verschiedene Gnadengaben,
aber nur den ***einen* Geist.**
Es gibt verschiedene Dienste,
aber nur den ***einen* Herrn.**
Es gibt verschiedene Kräfte, die
wirken, aber nur den ***einen* Gott:**
Er bewirkt alles in allen.
Jedem aber wird die Offenbarung des
Geistes geschenkt, damit sie anderen nutzt.
Dem einen wird vom Geist die Gabe
geschenkt, Weisheit mitzuteilen,
dem andern durch den gleichen Geist
die Gabe, Erkenntnis zu vermitteln,
dem dritten im gleichen Geist
Glaubenskraft, einem andern - immer
in dem einen Geist - die Gabe,
Krankheiten zu heilen, einem andern
Wunderkräfte, einem andern prophetisches
Reden, einem andern die Fähigkeit, die Geister
zu unterscheiden, wieder einem andern
verschiedene Arten von Zungenrede, einem
andern schließlich die Gabe, sie zu deuten.

1 Korinther 12,4-10

Womit wir den Weg finden

Als Glaubende
gehen wir unseren Weg,
nicht als Schauende.

2 Korinther 5,7

Kraft in der Schwachheit

Der Herr aber antwortete mir: Meine Gnade genügt dir; denn sie erweist ihre **KRAFT** in der SCHWACHHEIT. Viel lieber also will ich mich meiner Schwachheit rühmen, damit die Kraft Christi auf mich herabkommt.

2 Korinther 12,9

Im Trüben fischen

Sie sollen sich nicht mit Fabeleien
und endlosen Geschlechterreihen abgeben,
die nur Streitfragen mit sich bringen, statt
dem Heilsplan Gottes zu dienen, der sich
im Glauben verwirklicht.

Das Ziel der Unterweisung ist Liebe
aus reinem Herzen, gutem Gewissen
ungeheucheltem Glauben.

Davon sind aber manche abgekommen
und haben sich leerem Geschwätz zugewandt.

Sie wollen Gesetzeslehrer sein, verstehen
aber nichts von dem, was sie sagen
und worüber sie so sicher urteilen.

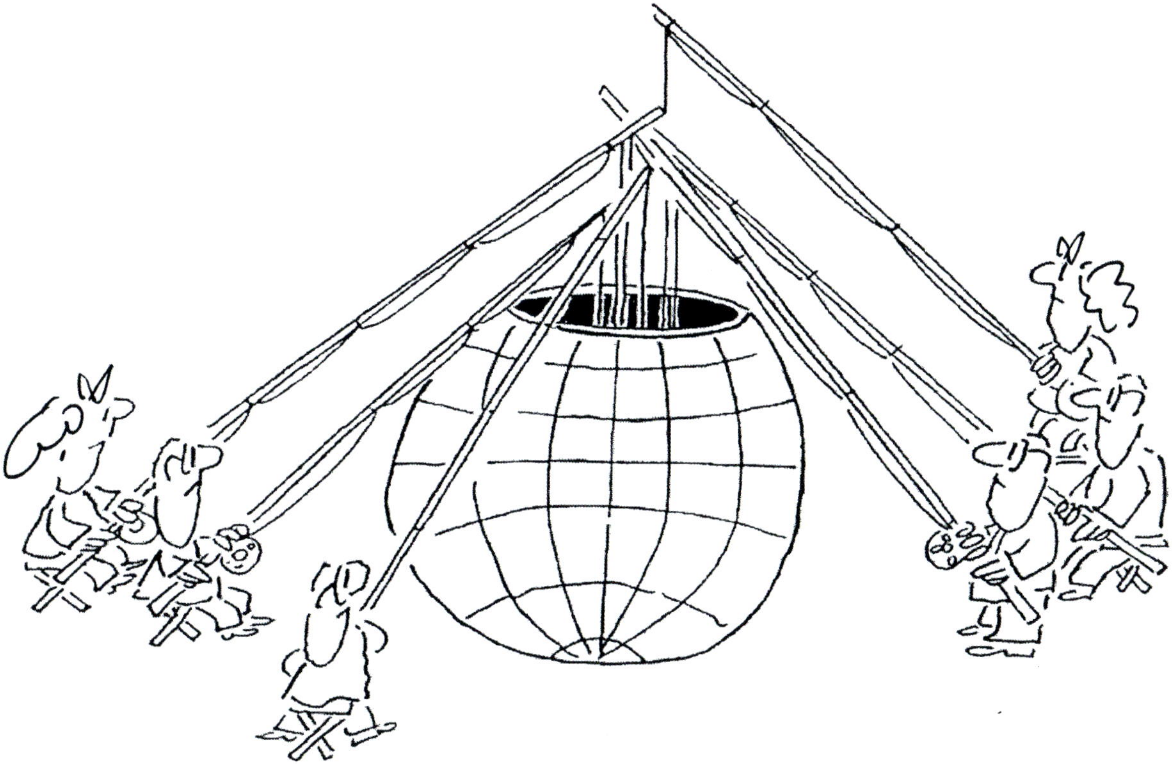

1 Timotheus 1,4-7

Lass Taten folgen

Denkt daran,
meine geliebten Brüder:
Jeder Mensch soll schnell
bereit sein zu hören,
aber zurückhaltend im
Reden und nicht
schnell zum Zorn bereit;
denn im Zorn tut
der Mensch nicht das,
was vor Gott recht ist.
Hört das Wort nicht nur an,
sondern handelt
danach; sonst betrügt
ihr euch selbst.
Wer das Wort nur hört,
aber nicht danach handelt,
ist wie ein Mensch,
der sein eigenes Gesicht
im Spiegel betrachtet:
Er betrachtet sich,
geht weg, und schon
hat er vergessen,
wie er aussah.

Jakobus 1,19-20.22-24

Mensch und Welt

Geschenkte Freiheit

Achte auf den Sabbat: Halte ihn heilig, wie es
dir der Herr, dein Gott, zur Pflicht gemacht hat.
Sechs Tage darfst du schaffen und jede Arbeit tun.
Der siebte Tag ist ein Ruhetag, dem Herrn, deinem
Gott, geweiht. An ihm darfst du keine Arbeit tun:
du, dein Sohn und
deine Tochter, dein
Sklave und deine
Sklavin, dein Rind,
dein Esel und dein ganzes Vieh und der Fremde,
der in deinen Stadtbereichen Wohnrecht hat.
Dein Sklave und deine Sklavin sollen sich ausruhen
wie du. Denk daran: Als du in Ägypten Sklave
warst, hat dich der Herr, dein Gott, mit starker
Hand und hoch
erhobenem Arm dort
herausgeführt. Darum
hat es dir der Herr,
dein Gott, zur Pflicht
gemacht, den Sabbat
zu halten.

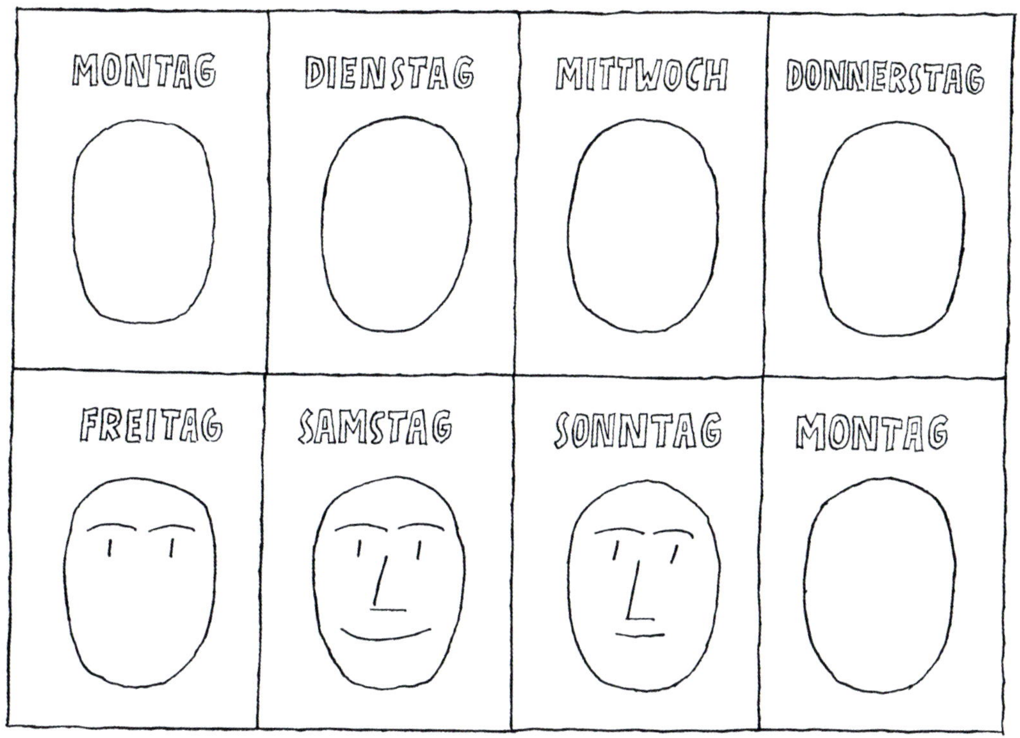

Deuteronomium 5,12-15

Davids Vermächtnis

Wer gerecht über die Menschen herrscht, wer voll Gottesfurcht herrscht, der ist wie das Licht am Morgen, wenn die Sonne aufstrahlt an einem Morgen ohne Wolken, der nach dem Regen grünes Gras aus der Erde hervorsprießen lässt.

2 Samuel 23,3-4

Selbstbetrug

Windhauch, Windhauch,

sagte Kohelet,

Windhauch, Windhauch,

das ist alles

Windhauch.

Kohelet 1,2

Philosophische Entdeckungen

Als ich mir vorgenommen
hatte zu erkennen, was Wissen
wirklich ist, und zu beobachten,
welches Geschäft eigentlich
auf der Erde getätigt wird,
da sah ich ein, dass der Mensch,
selbst wenn er seinen Augen
bei Tag und Nacht keinen
Schlaf gönnt, das Tun Gottes
in seiner Ganzheit nicht
wiederfinden kann, das Tun,
das unter der Sonne getan wurde.
Deshalb strengt der Mensch,
danach suchend, sich an und
findet es doch nicht wieder.
Selbst wenn der Gebildete
behauptet, er erkenne – er kann
es doch nicht wiederfinden.

Kohelet 8,16-17

Die Ordnung bricht zusammen

Seht, Gott, der Herr der Heere,
nimmt Jerusalem und Juda jede Stütze
und Hilfe, jede Unterstützung mit Brot
und jede Unterstützung mit Wasser:
den Helden und Krieger, den Richter
und den Propheten, den Wahrsager
und den Ältesten, den Hauptmann,
den Höfling, den Ratsherrn, den weisen
Zauberer und den klugen Beschwörer.

Ich mache junge Burschen zu ihren Fürsten. Willkür soll über sie herrschen.

Jesaja 3,1-4

Leichtgewicht

Gewogen wurdest du auf der Waage

und zu leicht befunden.

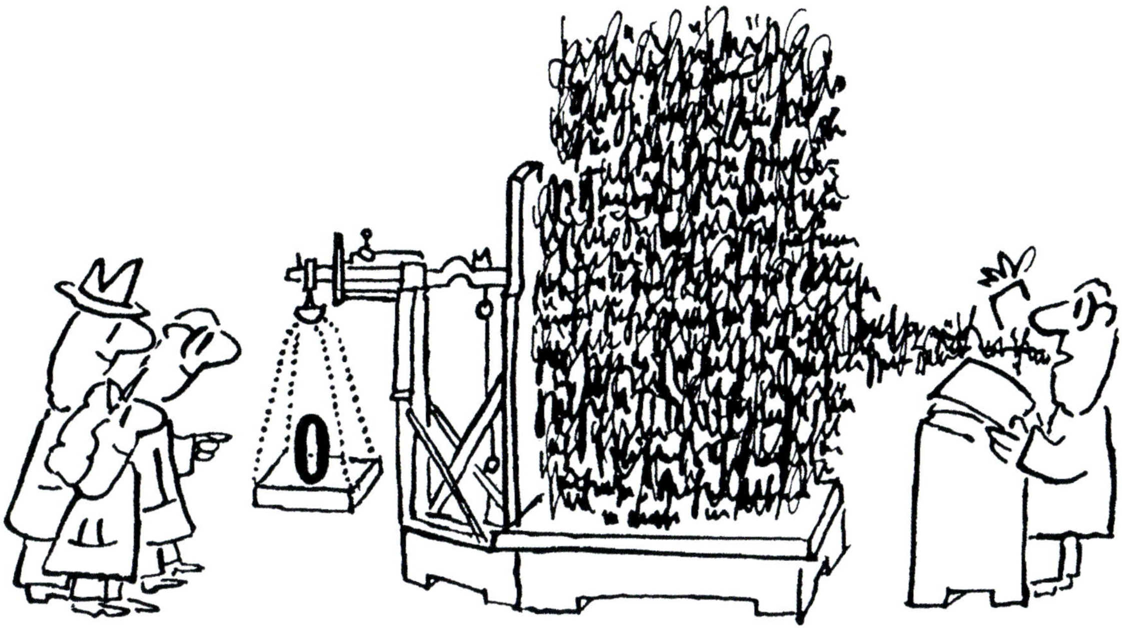

Daniel 5,27

Die Sorge ums Dasein

Deswegen sage ich euch: Sorgt euch nicht um euer Leben und darum, dass ihr etwas zu essen habt, noch um euren Leib und darum, dass ihr etwas anzuziehen habt. Ist nicht das Leben wichtiger als die Nahrung und der Leib wichtiger als die Kleidung? Seht euch die Vögel des Himmels an: Sie säen nicht, sie ernten nicht und sammeln keine Vorräte in Scheunen; euer himmlischer Vater ernährt sie. Seid ihr nicht viel mehr wert als sie? Wer von euch kann mit all seiner Sorge sein Leben auch nur um eine kleine Zeitspanne verlängern?

Matthäus 6,25–27

Der wahre Reichtum

Verkauft eure Habe,
und gebt den Erlös
den Armen! Macht
euch Geldbeutel,
die nicht zerreißen.
Verschafft euch einen
Schatz, der nicht
abnimmt, droben
im Himmel, wo kein
Dieb ihn findet und
keine Motte ihn
frisst. Denn wo euer
Schatz ist, da ist
auch euer Herz.

Lukas 12,33-34

Das Leben gewinnen

WER AN SEINEM LEBEN HÄNGT, VERLIERT ES;

WER ABER SEIN LEBEN IN DIESER WELT GERING ACHTET,

WIRD ES BEWAHREN BIS INS **EWIGE LEBEN.**

Johannes 12,25

Enthüllen

Prüft,
was dem Herrn
gefällt, und habt nichts
gemein mit den Werken
der Finsternis, die keine
Frucht bringen, sondern
deckt sie auf!

Epheser 5,10-11

Keine Bleibe

Denn wir haben hier

keine Stadt, die bestehen bleibt, sondern

wir suchen die künftige.

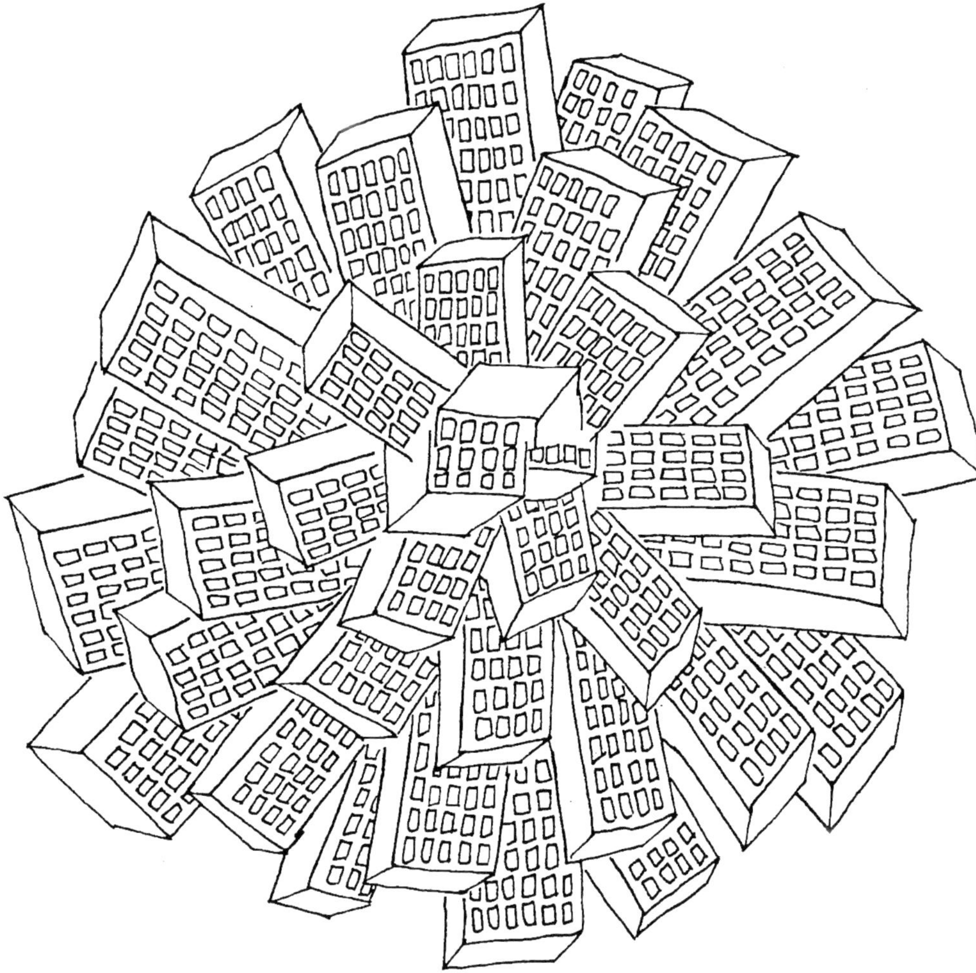

 Hebräer 13,14

Der Mensch und sein Nächster

Gerechtigkeit als Maßstab

IHR SOLLT IN DER RECHTSPRECHUNG
KEIN UNRECHT TUN. DU SOLLST WEDER
FÜR EINEN GERINGEN NOCH FÜR EINEN
GROSSEN PARTEI NEHMEN.

GERECHT SOLLST DU
DEINEN STAMMESGENOSSEN
RICHTEN

Levitikus / 3 Mose 19,15

Treue

Rut sagte zu ihrer Schwiegermutter
Noomi: Dränge mich nicht, dich
zu verlassen und umzukehren.

Wohin du gehst, dahin gehe auch ich,

Dein Volk ist mein Volk, und dein Gott ist mein
Gott. Wo du stirbst, da sterbe auch ich, da will
ich begraben sein. Der Herr soll mir dies
und das antun - nur der Tod wird
mich von dir scheiden.

und wo du bleibst, da bleibe auch ich

Rut 1,16-17

Amtsmissbrauch

Ihr aber, ihr seid abgewichen vom Weg und habt viele
zu Fall gebracht durch eure Belehrung;
ihr habt den Bund Levis zunichte gemacht,
spricht der Herr der Heere.

Maleachi 2,8

Übersetzungen

**Da rief Jesus sie zu sich und sagte:
Ihr wisst, dass die, die als Herrscher gelten,
ihre Völker unterdrücken und die Mächtigen
ihre Macht über die Menschen missbrauchen.
Bei euch aber soll es nicht so sein, sondern wer
bei euch groß sein will, der soll euer Diener sein,
und wer bei euch der Erste sein will,
soll der Sklave aller sein.**

Markus 10,42-44

Umgang mit den Feinden

Euch, die ihr mir zuhört, sage ich:
Liebt eure Feinde; tut denen Gutes,
die euch hassen.
Segnet die, die euch verfluchen;
betet für die, die euch misshandeln.
Dem, der dich auf die eine Wange
schlägt, halt auch die andere hin,
und dem, der dir den Mantel
wegnimmt, lass auch das Hemd.
Gib jedem, der dich bittet; und wenn
dir jemand etwas wegnimmt,
verlang es nicht zurück.

Was ihr von anderen erwartet, das tut ebenso auch ihnen.

Lukas 6,27-31

Neue Umgangsformen

Ein neues Gebot gebe ich euch:
Liebt einander! Wie ich euch geliebt habe,
so sollt auch ihr einander lieben.

Johannes 13,34-35

Daran werden alle erkennen,
dass ihr meine Jünger seid: **wenn ihr einander liebt.**

Jedem das Seine

Nehmt den an, der im Glauben
schwach ist, ohne mit ihm über
verschiedene Auffassungen
zu streiten. Der eine glaubt,
alles essen zu dürfen,
der Schwache aber isst kein
Fleisch. Wörtlich: der Schwache
aber isst (nur) Gemüse.
Wer Fleisch isst, verachte den
nicht, der es nicht isst; wer kein
Fleisch isst, richte den nicht,
der es isst. Denn Gott hat
ihn angenommen.

Römer 14,1-3

Liebe
als Maßstab

Und wenn ich
prophetisch reden könnte
und alle Geheimnisse
wüsste und alle Erkenntnis hätte;
wenn ich alle Glaubenskraft
besäße und Berge damit
versetzen könnte, hätte
aber die Liebe nicht,
wäre ich nichts.

1 Korinther 13,2

Mutig in der Liebe

SEID **WACHSAM,**
STEHT **FEST IM GLAUBEN,**
SEID **MUTIG,** SEID **STARK!**
ALLES, WAS IHR TUT,
GESCHEHE IN LIEBE.

1 Korinther 16,13-14

Wertschätzung der anderen

dann macht meine Freude dadurch
vollkommen, dass ihr eines Sinnes seid,
einander in Liebe verbunden, einmütig
und einträchtig, dass ihr nichts aus Ehrgeiz
und nichts aus Prahlerei tut. Sondern
**in Demut schätze einer den andern höher
ein als sich selbst. Jeder achte nicht nur
auf das eigene Wohl, sondern auch
auf das der anderen.**

Philipper 2,2-4

Kindern Mut machen

Ihr Eltern (Väter),
SCHÜCHTERT EURE KINDER NICHT EIN,
nicht ein, damit sie nicht mutlos werden.

Kolosser 3,21

Empathie

Denkt an die Gefangenen,
als wäret ihr mitgefangen;
denkt an die Misshandelten,
denn auch ihr lebt noch in
eurem irdischen Leib.

Hebräer 13,3

Animation

Denn die Liebe besteht darin, dass wir

nach seinen Geboten leben. Das Gebot,

das ihr von Anfang an gehört habt, lautet:

Ihr sollt in der Liebe leben.

2 Johannes 6

Mensch
und
Gott

Gottes Ebenbild

Dann sprach Gott: Lasst uns Menschen machen als unser Abbild, uns ähnlich. Sie sollen herrschen über die Fische des Meeres, über die Vögel des Himmels, über das Vieh, über die ganze Erde und über alle Kriechtiere auf dem Land.

Gott schuf also den Menschen als sein Abbild; als Abbild Gottes schuf er ihn. Als Mann und Frau schuf er sie.

Gott segnete sie, und Gott sprach zu ihnen: Seid fruchtbar, und vermehrt euch, bevölkert die Erde, unterwerft sie euch, und herrscht über die Fische des Meeres, über die Vögel des Himmels und über alle Tiere, die sich auf dem Land regen.

Genesis / 1 Mose 1,26-28

Keine anderen Götter

Ihr sollt euch nicht anderen Göttern zuwenden und euch nicht Götterbilder aus Metall gießen; ich bin der Herr, euer Gott.

Levitikus / 3 Mose 19,4

Gott kennt das Herz

Der Herr aber sagte zu Samuel:
Sieh nicht auf sein Aussehen und seine stattliche Gestalt, denn ich habe ihn verworfen;
Gott sieht nämlich nicht auf das, worauf der Mensch sieht. Der Mensch sieht, was vor den Augen ist, der Herr aber sieht das Herz.

1 Samuel 16,7

Von Gott gehalten

Denn du gibst mich nicht
der Unterwelt preis; du lässt deinen
Frommen das Grab nicht schauen.
Du zeigst mir den Pfad zum Leben. /
Vor deinem Angesicht herrscht
Freude in Fülle, zu deiner Rechten
Wonne für alle Zeit.

Psalm 16,10-11

Gott ist unsere Zukunft

Bei Gott allein kommt meine Seele zur Ruhe; denn von ihm kommt meine Hoffnung. Nur er ist mein Fels, meine Hilfe, meine Burg; darum werde ich nicht wanken. Vertrau ihm, Volk Gottes, zu jeder Zeit! Schüttet euer Herz vor ihm aus! Denn Gott ist unsere Zuflucht.

Psalm 62,6-7.9

Gottvertrauen

An jenem Tag wirst du sagen:
Ich danke dir, Herr.
Du hast mir gezürnt,
doch dein Zorn hat sich gewendet,
und du hast mich getröstet.
Ja, Gott ist meine Rettung;
ihm will ich vertrauen
und niemals verzagen.
Denn meine Stärke und mein
Lied ist der Herr. Er ist für mich
zum Retter geworden.

Jesaja 12,1-2

Gott ist bei uns

Jesus sagte: Alles, was zwei von euch
auf Erden gemeinsam erbitten, werden sie
von meinem himmlischen Vater erhalten.
Denn wo zwei oder drei in meinem Namen
versammelt sind, da bin ich mitten
unter ihnen.

Matthäus 18,19-20

Gottes Maßstäbe

Jesus sagte: Achtet auf das, was ihr hört! Nach dem Maß, mit dem ihr messt und zuteilt, wird euch zugeteilt werden, ja, es wird euch noch mehr gegeben.

Markus 4,24

Ich bin der Weg

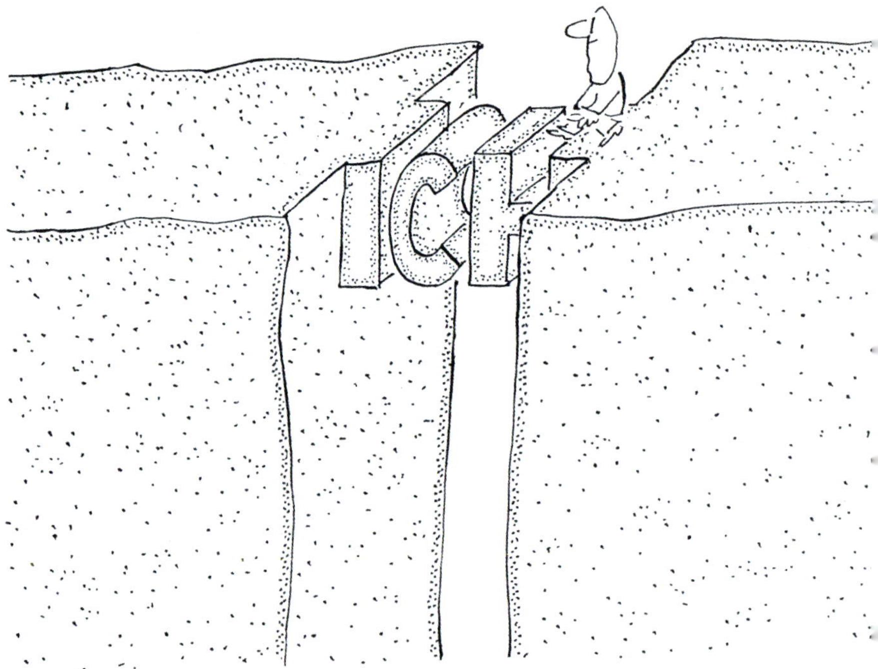

JESUS SAGTE:
ICH BIN DER WEG
UND DIE WAHRHEIT
UND DAS LEBEN;
NIEMAND KOMMT
ZUM VATER AUSSER
DURCH MICH.

Johannes 14,6

Wie glauben?

Jesus sagte: →

Weil du mich gesehen hast, →

glaubst du. →

Selig sind, die nicht sehen →

und doch glauben. →

Johannes 20,29

Aus guter Quelle

Der Gott der Hoffnung

aber erfülle euch

mit aller Freude und mit allem

Frieden im Glauben,

damit ihr reich werdet

an Hoffnung

in der Kraft

des Heiligen Geistes

Römer 15,13

Ivan Steiger

geboren 1939 in Prag, Besuch der Filmfachoberschule, danach Studium an der Filmakademie FAMU in Prag. Während des Literaturstudiums unter Milan Kundera schrieb er Erzählungen, Novellen und Drehbücher, später auch Bücher für das kleine und große Publikum. 1965 promovierte er in Prag zum Film- und Fernsehdramaturgen und Regisseur. Seit 1963 ist Ivan Steiger vorwiegend als Karikaturist tätig, hat in vielen Städten Europas und Nordamerikas ausgestellt, Bücher publiziert und mit seinen Zeichnungen illustriert. Seine Cartoons erscheinen regelmäßig in der Frankfurter Allgemeinen Zeitung sowie in anderen bedeutenden europäischen und amerikanischen Zeitschriften: der Süddeutschen Zeitung, La Stampa, Christian Science Monitor, The Times, Chicago Tribune, Los Angeles Herald Examiner, Punch, Le Figaro u.v.a.m. Ivan Steiger lebt seit dem Jahr 1968 mit seiner Familie in München, im Jahr 1978 erhielt er die deutsche Staatsangehörigkeit. Seit 1971 hat er als Autor, Regisseur und Produzent 27 Dokumentar- und Kurzspielfilme für das Kino und das Fernsehen gedreht. Für seine literarischen, karikaturistischen und filmischen Arbeiten erhielt er nationale und internationale Preise. Die Reihe seiner neunzehn Bücher gipfelt in "Ivan Steiger sieht die Bibel", einer Sammlung von 350 gezeichneten Essays zu Themen aus dem Alten und Neuen Testament, im Auftrag der Deutschen Bibelgesellschaft und des Verlags Katholisches Bibelwerk. Es folgt das Buch der Sprichwörter „Gottes Auge ist überall“. Seine umfangreiche Sammlung alter Spielsachen hat er schon seit 28 Jahren im Spielzeugmuseum im Alten Rathausturm auf dem Marienplatz in München der Öffentlichkeit zugänglich gemacht. Das zweite Museum in Prag auf der Burg Hradschin entstand vor 17 Jahren. 1986 entstanden seine ersten expressiv primitiven bis abstrakten Acrylbilder. 2009 erhielt Ivan Steiger vom Bundespräsidenten Horst Köhler das Verdienstkreuz am Bande des Verdienstordens der Bundesrepublik Deutschland. Im gleichen Jahr wurde er vom tschechischen Präsidenten Václav Klaus mit einer Medaille für kulturelle Verdienste ausgezeichnet.

ALLEIN IN DER FRANKFURTER ALLGEMEINEN ZEITUNG WURDEN BISLANG 9000 IVAN-STEIGER-CARTOONS ABGEDRUCKT.

www.ivan-steiger.de
ivan.steiger@freenet.de
www.spielzeugmuseum.eu
www.biblepictures.net

Foto: Isolde Ohlbaum

INHALTSVERZEICHNIS

Der Mensch als Mensch

Mensch und Welt

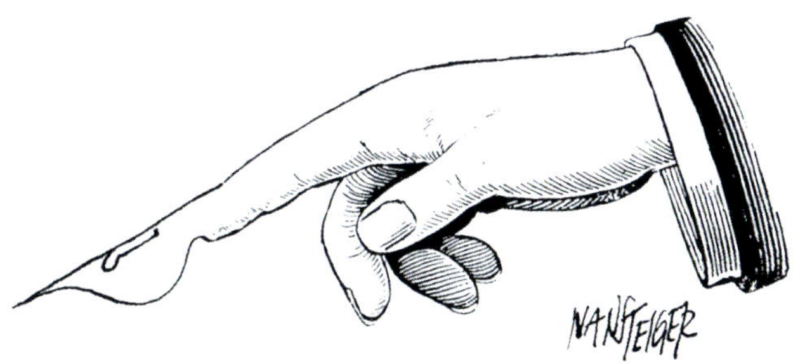

IVAN STEIGER

Ein CAMINO-Buch aus der

Für die Konzeption des Buches zeichnet der Verlag Katholisches
Bibelwerk verantwortlich.

E-Mail: ivan.steiger@freenet.de
Das Vorwort von Dr. Fick ist eine durch den Verlag gekürzte Fassung
des 1989 im gleichnamigen Werk erschienenen Vorworts.
Grafische Gestaltung: Jan Jiskra a Jan Bouček, Prag
Umschlaggestaltung: wunderlichundweigand.de
Herstellung: Finidr s.r.o., Český Těšín

Die Idee und die Konzeption zu diesem Buch (Buchformat, Auswahl der zeichnerischen Essays und thematische Anordnung) entstanden im Verlag Katholisches Bibelwerk und wurden zusammen mit Herrn Steiger und dem Grafiker Jan Jiskra umgesetzt. Das Lektorat und die herstellerische Betreuung lagen bei Claudia Gröhn.

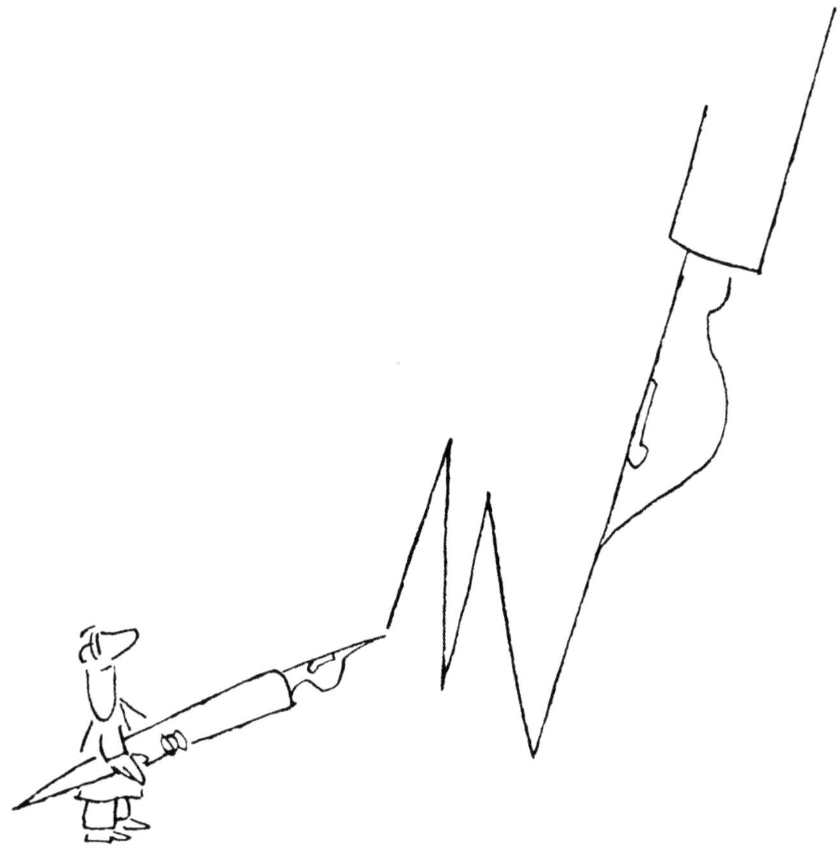